Detlev Block

Der Himmel hat viele Farben

Zur Erinnerung
an Amrum!

Detl. Block
3. Juli 07.

Originalausgabe – Erstdruck

Detlev Block

Der Himmel hat viele Farben

Gedichte

Schardt Verlag Oldenburg

Bibliographische Information der Deutschen Bibliothek:

Die Deutsche Bibliothek verzeichnet diese Publikation in *Der Deutschen Nationalbibliografie*; detaillierte bibliographische Daten sind im Internet über *http://dnb.ddb.de* abrufbar.

Titelaquarell von Hilde Heyduck-Huth
Aus: Detlev Block: Gut, daß du da bist.
Gebete für Kinder, S. 23
© Verlag Ernst Kaufmann, Lahr 1974, 7. Aufl. 1995.
Wir danken für die Abdruckgenehmigung.

1. Auflage 2006

Copyright © by
Schardt Verlag
Uhlhornsweg 99a
26129 Oldenburg
Tel.: 0441-21779287
Fax: 0441-21779286
Email: schardtverlag@t-online.de
Herstellung: Fuldaer Verlagsanstalt

ISBN 3-89841-264-4

Inhalt

I   Biographische Psychogramme 7

II   Begegnungen mit dem Mitmenschen 41

III   Beziehungs- und Liebesgedichte 55

IV   Literarische Werkstatt 79

V   Lebens- und Glaubensbekenntnisse 97

VI   Astronomische Gedichte 117

Andacht

Wind, so viel Wind.
Wo der herkommt und hingeht
eine Geschichte lang.
Jetzt spürst ihn du.

Der Gesang der Bäume,
unverlassen, wer ihn vernimmt.
Ein Lied
im höheren Chor.

Augenblicke gibt es,
da streift dich das Unbeweisbare
so selbstverständlich
wie der Atem der Erde.

Getrost,
der Wind wird nicht alle,
der Himmel hat viele Farben,
irgendein Wetter ist immer.

I Biographische Psychogramme

Gute Gespenster

Die Deckenlampe
damals
in unserem Kinderzimmer.
Eine Marmorschale,
ein fliegendes Schiff,
zu dem ich
mit Respekt aufsah.
Manchmal
während eines ergiebigen
Morgengewitters
oder abends
vorm Einschlafen
stiegen da oben
fröhliche Geister ein,
gute Gespenster,
winkten mir zu,
lichteten den Anker
und fuhren
selig singend
in die Ferne davon.

Das Kind, das ich einmal war

An der Hand
der Großmutter
nahm es
einen Tannenzweig
von der Straße auf,
sah nach oben:
Danke!

Die hohen Treppen
zur Rathauskuppel
heraufsteigend
fragte es
die Eltern:
Besuchen wir jetzt
den lieben Gott?

Das Kind,
das ich einmal war.
Und vielleicht
noch immer bin,
bis wir zuletzt wirklich
vor den höchsten Thron
gerufen werden.

Abends am Maschsee

Die Gitter
am dunklen Fährhaus,
halb
heruntergelassen.

Aus den
vier Einfahrten
schimmert es
weiß heraus:

Die Hannover,
die Niedersachsen,
die Deutschland,
das Polizeiboot.

Schlupp, schlupp,
schlupp, schlupp,
schlagen die Wellen
leise hinein

und bringen
die Fahrgastschiffe
fast unmerklich
zum Schaukeln.

Am Anleger davor
ein sinnender Mann,
der schaut und hört,
hört und schaut.

Vor sechzig Jahren
stand er hier,
ein kleiner Junge,
mit denselben Gefühlen.

Anleger im Oktober

Noch langsamer
als sonst
kommt die Fähre,
um die Zeit einzuhalten.

Legt gar nicht
erst an,
weil keiner mehr
zusteigen will.

Drei Jungen
und eine Frau
lassen sich gemächlich
über den See fahren.

Auf der Bank
am offenen Heck,
das mit einem Rettungsring
geschmückt ist,

haben sich
anstelle von Fahrgästen
braune Kastanienblätter
niedergelassen.

Jeden Augenblick
kann es sie aufwirbeln.
Untrügliches Zeichen
für das Ende der Saison.

Kriegskindheit

Daß über meinem Bett
das Bild von Hermann Göring hing
und über dem Bett
meines älteren Bruders gegenüber
das Bild von Adolf Hitler –
die Auseinandersetzung damit
machte uns lange zu schaffen.

Und die Bombennacht
im Luftschutzkeller in Hannover,
als die Mitbewohner laut beteten
und wir Kinder vor Entsetzen
kein Wort sagten,
verlor erst nach Jahren
ihre Macht über uns.

Aber die Liebesträume von Liszt,
die Dora Brentzel
nach dem Fliegerangriff
oben in ihrer verwüsteten Wohnung
am Flügel spielte,
während das ganze Haus lauschte,
sind bis heute nicht verklungen.

**Hauptbahnhof Hannover
September 1943**

Als ich neunjährig
am holzvernagelten Fenster
durch Glasstreifen
auf die zerstörte Stadt sah,

mit dem Augenschein spielte,
fahren wir schon
oder fährt erst der Zug
auf dem Nachbargleis,

und nicht wußte,
kehren wir wieder zurück,
kommen wir an,
wenn wir abfahren,

ahnte ich
in kindlicher Hellsicht,
wie es sein würde
im Leben –

Ausblick begrenzt,
in jeder Richtung
gefährdete Strecken,
Fahrpläne außer Kraft,

schwer zu sagen,
wer kommt, wer geht
früher oder später
auf welcher Schiene,

gewiß
nur das eine:
daß keiner bleibt,
wo er ist.

Weitermachen

Achtung und Meldung!
Der Lagermannschaftsführer
tritt ins Zimmer:
Weitermachen, Leute!
Entspannung auf Befehl.
Long, long ago?

Einfach so weitermachen.
Weiterwursteln
ohne Konzept
und Eigenkritik.
Schreckgespenst
seit den Achtundsechzigern.

Weitermachen.
Aushalten, durchhalten.
Widerstand leisten,
nicht aufgeben.
Heute der Rat
eines Engels.

Fünferleute an die Front

Klammer auf, Klammer zu.
Weißt du noch,
was alles hineindiktiert wurde
an Zahlen und Zeichen
an der Tafel in Mathematik –
ganz abgesehen davon,
was vor und was hinter der Klammer stand?

Klammer auf, Klammer zu.
Heute staunst du,
wenn du noch staunen kannst,
was alles eingezeichnet ist in ein Leben
an Plus und Minus, an Formeln
zum Fürchten und Ziffern zum Zweifeln,
an lösbaren und unlösbaren Aufgaben –

und was dem Ganzen vorangeht,
unter welchen Vorzeichen
du dein Dasein werten darfst,
und ob hinter
der geheimnisvollen Klammer am Ende
noch etwas kommt –
und wenn, was?

Vor der Karte

Der Ort,
in dem ich wohne,
ist auf der Karte
nicht verzeichnet.

Daran gewöhnt,
nicht vorzukommen,
tröste ich mich
mit dem Maßstab.

Überdies:
Wo ich wirklich lebe
– welche Karte
könnte es je registrieren?

Lobgesang auf die Insel

Was du
zu Hause kaum
eines Blickes
würdigst,

zeigt sich dir
unter dem Himmel
des Meeres
als Kostbarkeit.

Glockenblumen –
Blau deines Heimwehs!
Weiße Wolken –
Flügel deiner Seele.

Nach all
dem Mißbrauch,
hier ist es
wieder erlaubt,

sich für einen
gestandenen Baum
und für Eichenlaub
zu begeistern.

Rosen, die duften,
selten gewordenes
Heilmittel
für das Verletzliche.

Die Schwebewespe
am Brombeergebüsch
unerreichtes
Kunstwerk.

Dein Fußabdruck
im Sand.
Wo hinterläßt du
sonst Spuren?

Und der Tag
und die Nacht
leuchten weit
bis zum Horizont,

hinter dem es
endlos weitergeht.
Wirst du dich
erinnern?

Augenblick am Schreibtisch

Daß sich Wände
öffnen können
und Licht und Musik
durchschimmern lassen

jetzt und vielleicht
auch einmal zuletzt –
meine Seele ahnt es
goldwarm und ruhig

wie der Lampenschein
hinter dem Bücherregal,
durch das die Telemann-Suite
aus dem Radio perlt.

Im Vorübergehen

Manches
traf mich schon
schwer in die Mitte.

Ich ging zu Boden,
holte Luft,
verschmerzte, vergaß.

Aber dies, aber das
so leichthin
von der Seite,

an einer Stelle,
an der mich
noch keiner berührte –

unauffällig gehe ich weiter,
ein für allemal
gezeichnet.

Du bist so still

Ich habe mich verloren.
Darum fürchte ich mich
vor den anderen.

Wenn ich mich wiederhabe,
dann komme, wer will!
Ich bin da.

Angst

Ich stelle das Radio
leise;
es spielt lauter.

Ich drücke die Taste
aus;
es spielt weiter.

Ich ziehe den Kontakt
heraus;
es spielt weiter.

Ich laufe in den Keller
und schalte den Strom ab;
das Radio schreit.

Jeden Augenblick
wird es mich töten;
ich muß auf die Straße.

Wo lebst du?

Zu allem und jedem
die Meinung geigen.
Wir haben es gelernt
und sind darin Spitze.

Laß es mal so stehen,
sage ich in den Wind.
Wo lebst du?
ernte ich als Echo.

In einer Welt,
die nichts unangetastet läßt,
auf der heimlichen Suche
nach dem Unantastbaren.

Kein Verfallsdatum

Halbwegs
mit heiler Haut
den Querschüssen
entronnen.

Täusch dich nicht!
Es gibt auch
jenseits der Gefahrenzone
keine Schonzeit.

Die Eigensten
sind die Schlimmsten.
Ihre Vorwürfe kennen
kein Verfallsdatum,

bis sie zum x-ten Mal
als Zeitzünder
explodieren, noch
nach zwanzig Jahren,

während du meinst,
recht und schlecht
davongekommen
und im Frieden zu sein.

Enttäuschung

Du wärst
genauso wie er.
Jeden Vergleich
einstecken müssen.

Würde ich
protestieren,
zeigte ich nur
meine Betroffenheit.

Nickte ich beiläufig,
wäre es
ein Zugeständnis
um des lieben Friedens willen.

Also am besten
schweigend übergehen
und aufheben
für ein Gedicht wie dieses.

**Immer sowohl als auch
oder:
Von der Schwierigkeit, Farbe zu bekennen**

Geboren bin ich
in Grün
und aufgewachsen
in Blau.

Komme ich nach Grün,
lasse ich
meine Beziehung
zu Blau durchblicken.

Von Blau geladen,
schwärme ich
von meiner Vorliebe
für Grün.

Entschieden
habe ich mich für Rot.
Aber meine Träume
spielen oft in Gelb.

Während ich auf Rot
ein Loblied anstimme,
flirte ich
heimlich mit Gelb.

Macht mir Gelb
ein Angebot,
antworte ich lachend
mit Rot.

Immer
sowohl als auch.
Eines weißen Tages
weiß ich, warum.

Beim Älterwerden

Seltener
fühlst du dich
wirklich wohl
und auf der Höhe
des Tages.

Seltener
bist du mit dir
im Reinen
und einverstanden
mit dem, was ist.

Seltener
weißt du dich
wahrgenommen
von denen,
auf die es dir ankommt.

Seltener
aber auch
erwartest du es.
Der Ausgleich,
der dich beschützt.

Abendkerzen

Worauf
wartest du noch?

Die Abendkerzen
leuchten
bei Vivaldi
und Händel.

Setz dich.
Sieh dich,
hör dich ein.
Sag ja.

Worauf
wartest du noch?

Das ist es.

Laubmann

Wenn ich den Rasen mähe
und die Blätter zusammenharke,
die herbstgelben
und die laubfroschgrünen,
denke ich manchmal
an meine beiden Großväter
und an meinen Vater,
die bis in den Lebensabend hinein
gern im Garten arbeiteten.

Jetzt bin ich an der Reihe,
sage ich mir,
während sie mir zunicken,
und weiß mich an gutem Werk.

Neulich

Gegen Ende
des Telefonats
trat einen Augenblick
Stille ein.

Bist du noch da?
fragte der Sohn.
Ja, sagte der Vater,
noch bin ich da.

Die Birken am Benther Friedhof

Die Birken am Benther Friedhof,
ich kannte sie schon als Kind.
Wie kommt es, daß all die Jahre
auf einmal vergangen sind?

Die Birken am Benther Friedhof,
weiß schimmern sie Baum für Baum
und lassen die Zweige wehen.
Ich sehe sie nachts im Traum.

Die Birken am Benther Friedhof
im Wind, der sie leise wiegt,
ob sie es im Stillen wissen,
wer alles hier schlafen liegt?

Die Birken am Benther Friedhof,
die werfen ihr Goldlaub ab
auf Großelterns Ruhestätte
und Vaters und Mutters Grab.

Die Birken am Benther Friedhof,
die sahen uns alt und jung
und als wir das Mondlied sangen
bei Mutters Beerdigung.

Die Birken am Benther Friedhof,
sie können wie Schwestern sein,
Sie trösten und überblühen
die Namen auf Kreuz und Stein.

Die Birken am Benther Friedhof
wehn wieder im Frühlingswind.
Vielleicht, daß sie Gottes Lächeln
im Leben und Sterben sind.

In memoriam

Wie ist die Zeit vergangen,
seit du gestorben bist!
Ich spüre ein Verlangen,
das unerfüllbar ist,

die Sehnsucht, gutzumachen,
was falsch war und mißlang,
zu weinen und zu lachen:
Ich liebe dich. Hab Dank!

Noch einmal mit dir sprechen,
gereift aus langem Weh,
den Bann des Schweigens brechen
verstehender denn je.

Hat jedes seine Weise
und seine eigne Sicht.
Was war, sag es mir leise,
besteht es oder nicht?

Wie wär es mit uns beiden,
wärst du noch auf der Welt?
Wie zwischen Glück und Leiden
wär es um uns bestellt?

Ein Trost wächst durch das Schwere,
ernüchternd wunderbar:
Es war so, wie es wäre,
es wäre, wie es war.

Dreimal ruhig zu lesen

Jetzt
atme ich
diese Luft.

Jetzt
berühre ich
deinen Arm.

Jetzt
gehe ich
meinen Weg.

Jetzt
erfinde ich
diesen Satz.

Jetzt
glaubt Gott
an mich.

Vespergeläut

Nun läuten die Glocken den Abend ein,
den frühen. Ich lausche betroffen.
Wohin geht der Tag, was bleibt davon mein?
Was gibt es zu fürchten und hoffen?

Wie alles so schnell verebbt und zerstiebt!
Es war doch erst Mittag und Morgen.
Ich habe geliebt und wurde geliebt
und bin im Geheimnis geborgen.

Was reifte heran! Und was ist verdorrt!
Ich bin viele Tode gestorben
und habe doch, auferstanden im Wort,
die Welt und das Leben umworben.

Nun läuten die Glocken. Ich kenne sie.
Sie haben mich immer begleitet
und mit ihrer Botschaft und Melodie
den Tag mir vertieft und geweitet.

Sie fragen mich leise: Bist du bereit?
Auch jenseits der Siebzig ist Helle.
Ich danke rundum meinem Weggeleit
und grüße die dämmernde Schwelle.

Im letzten Geschehn ist jeder allein.
Wir können, was kommt, nicht entschleiern.
Doch werden da bergende Hände sein,
die mit uns das Nachtgebet feiern.

Die andere Uhr

Als ich noch
viel Zeit hatte,
hatte ich nur wenig Zeit.

Vor lauter Terminen
hörte ich nicht,
was die Stunde schlug.

Jetzt, wo die Zeit
knapp wird
und die Ewigkeit wartet,

schlägt mir
die andere Uhr
jede Minute.

Unter gutem Vorzeichen

Schnell und undramatisch
auf die Welt gekommen,
wie mir meine Mutter noch
im vorgerückten Alter
zu erzählen wußte,
hoffe ich jetzt,
wo mich selber
der Abend erreicht,
am Ende ebenso
rasch und ohne Aufsehen
wieder aus der Welt
zu verschwinden.

II Begegnungen mit dem Mitmenschen

Ansprache

Spring doch mal
über deinen Schatten!

Er wußte,
es ging nicht –

aber daß ihn
einer so anlachte,

löste in ihm
den überraschenden Mut aus,

kleine Schritte
mit Schatten zu machen.

Freundschaft

Wie lange haben wir
nichts voneinander gehört!
Dabei habe ich täglich
mit dir gesprochen.

Die vielen Gedanken,
die ich dir nicht mitteilte,
müssen dich am Ende
doch erreicht haben.

Jetzt nach zwei Ewigkeiten
kommt dein plötzlicher Brief,
der sich für das alles
wissend bedankt.

Rücknahme

Vieles trennt uns.
Nicht nur
ein halbes Jahrzehnt.

Ich hier, du dort.
Du so, ich so.
Ich pro, du contra.

Aber der eine Satz
gestern abend,

gedeutet
durch die kleine Handbewegung,

hat mich
unsicher gemacht.

Ich glaube,
ich habe Anlaß,
brüderlich von dir zu denken.

Kinderphoto

Du bist da.
Dein Lächeln
sagt es.

Deine
Hände und Füße
zeigen es.

Die Bank
und der Garten
stehen zu Diensten.

Die Kirschen
blühen
nur für dich.

Der dich knipst,
nimmt dich
gleich in den Arm.

Noch
hast du hundert Beweise,
daß es dich gibt.

Er derselbe

Er,
der das Haus bewohnbar macht,
als häuslich degradiert.
Derselbe,
sich der Berufung widmend,
als abwesend gebrandmarkt.

Er,
der Streit zu schlichten versteht,
wegen Harmoniesucht gelästert.
Derselbe,
der Sache auf den Grund gehend,
wegen Beckmesserei getadelt.

Er,
der anderen die Freiheit läßt,
der Gleichgültigkeit verdächtigt.
Derselbe,
auf Menschen in Treue wartend,
der Kontrolle angeklagt.

Er,
der sich im Schweigen sammelt,
der Abkapslung bezichtigt.
Derselbe,
das Innerste nach außen kehrend,
als Showman verkannt.

Kleinstadt

Was haben Sie nur
für eine charmante,
liebenswürdige Frau!
schwärmt die Kundschaft
des begehrten Cafés.

Ja, ich weiß,
kontert der Konditor,
bis sechs,
wenn wir
das Geschäft schließen.

Zuspruch für die Nacht

Dies
ewige Begrüßen.
Grüßen
ginge ja noch.

Stehenbleiben
und tun,
als ob man
befreundet wäre.

Noch spätabends,
wenn man
von Menschen
müde und satt

zwei
oder drei Straßen weit
mit sich
allein sein möchte.

Kein Menschenfreund?
Dann hätte man
neben dem
entbehrlichen Ärger

jedenfalls
noch einen
erquicklichen Zuspruch
für die Nacht.

Mit Verlaub

Flasche
vor Gebrauch
bitte schütteln!

Daran
hält sie sich
im Umgang mit ihm

und fühlt sich
als Täterin
noch als Opfer.

Was für ein
Menschenbild
steckt dahinter?

Sprachgebrauch

Er paßt nicht
in diese Welt.

Vermutlich
ein Tadel.

Oder ist es
ein Lob?

Immer mehr
spricht dafür.

Ältere Ehe

Bei ihr hat er es gut.
Das lästige Amt,
die eigenen Fehler zu erkennen
und beim Namen zu nennen,
nimmt sie ihm gänzlich ab.
Ihrer liebevollen Aufmerksamkeit
entgeht nichts.

Dagegen überläßt sie ihm
die dankbare Aufgabe,
Gutes an sich zu entdecken
und gelegentlich
leise daran zu erinnern.
Da nimmt sie ihm
kein Wort aus dem Mund.

Plötzlich und unerwartet

Plötzlich
vom Acker gemacht.
Keine Nachricht
hinterlassen.

Nur im Arbeitszimmer
das brennende Licht
und die gesammelte Stille
der Bücher,

als säße er noch
an seinem Schreibtisch,
über Skripte gebeugt
und erstaunt aufblickend.

Bei all den
leuchtenden Sternen
und großräumigen
Dunkelheiten

die unenträtselte
Frage nach Leben.
Ein erloschenes
Universum.

III Beziehungs- und Liebesgedichte

Zu einem Lutherring mit Rubin
– Für Karin zum 40. Ehejahr –

Kein Silber mehr, doch auch noch längst kein Gold.
Dazwischen aber funkelt nun Rubin.
Gewitter haben über ihm gerollt,
und Sonne wärmte und versöhnte ihn.

Wie es auch lief, es ging durch Ja und Nein.
Auch Liebe lebt von Kreuz und Auferstehn.
Das Glück und Leid, das Fern- und Nahesein,
ich kann es nur in diesem Zeichen sehn.

Der Preis war nicht zu hoch für das Zuzweit.
Das Gleichgewicht zu wahren hielt uns jung.
Die Frucht der Jahre heißt Geborgenheit
und reift im Garten der Erinnerung.

Ich möchte viele Wege noch mit dir,
bevor es Nacht wird, durch den Abend gehn
und zu dem Jawort zwischen dir und mir
fest wie zum Credo meines Herzens stehn.

Ich liebe dich! So sagt der Edelstein
mit seinem tiefen, schweren Dunkelrot.
Was das bedeutet, wissen wir allein,
auch ungesagt, im Leben und im Tod.

Was auch im Zweifel oder in Gefahr war,
die Liebe wurde mir durch dich erfahrbar,
die schöne und die schwere. Einverstanden!
Mit dir kam mir der Kompaß nicht abhanden.

Mit einer Rose

Mitunter möchten Worte schweigen.
Was ist schon Rede und was Text?
Die Rose aber soll dir zeigen,
was noch in unsrem Garten wächst.

Dir schneien Rosen oft in Fülle.
Doch *eine* sagt vielleicht noch mehr.
Was uns verletzt, braucht Zeit und Stille,
den Abschied und die Wiederkehr.

Auf Farbe, Form und Flair gesehen,
ist deine Rose Einzelstück.
Mit Unikaten umzugehen,
verlangt Behutsamkeit und Glück.

Wem eine Rose blüht und schön ist,
dem wird der Herbst noch sommerlich.
Wo Liebe Kraft zum Überstehn ist,
sagt sie: Ich weiß – und liebe dich!

Seit du da bist

Seit du da bist,
weiß ich,
daß ich Augen habe,
weil ich dich sehe.

Seit du da bist,
weiß ich,
daß ich Ohren habe,
weil ich dich höre.

Seit du da bist,
weiß ich,
daß ich Arme habe,
weil ich dich umarme.

Seit du da bist,
weiß ich,
daß ich ein Herz habe,
weil du mich liebst.

Wenn du nicht da bist

Deine Schuhe im Flur.
Die Notiz
auf dem Küchenkalender.
Die braune Windjacke
am Haken.
Das aufgeschlagene Buch
mit den Tanzschritten.
Die Fotos von uns
und den Kindern
an der Familienwand.
Die unfrankierten Briefe
auf dem Sideboard:
Steckst du sie ein?
Der Anrufbeantworter,
den ich anstelle,
um deine Stimme zu hören.

Wie die Dinge sprechen,
wenn du nicht da bist!

Von dir zu dir

Vor dir heute
flüchte ich
zu dir gestern.

Von dir gestern
hoffe ich mich
zu dir morgen.

Alle Tage mein Weg:
Von dir
zu dir.

Wunschtraum

Ja, du hast recht.
Du hast wirklich recht,
solange du
auf deinem Stuhl sitzenbleibst.

Aber wenn du aufstehst
und dich auf einen anderen Platz bemühst,
zum Beispiel auf meinen,
nur zum Spaß vielleicht,

dann siehst du die Sache anders
und unter neuen Blickwinkeln
und merkst, daß auch andere
Augen im Kopf haben.

Ja, du hast recht.
Du hast wirklich recht.
Einmal möchte ich das von dir
von meinem Platz aus hören.

Tag und Nacht

Manchmal
trennt uns der Tag.
Dann bringt uns die Nacht
wieder zusammen.

Manchmal
trennt uns die Nacht.
Dann bringt uns der Tag
wieder zusammen.

Manchmal bist du der Tag,
und ich bin die Nacht.
Manchmal bist du die Nacht,
und ich bin der Tag.

An den Engel in dir

Nimm mich an,
wie ich bin.
Mit Für
und Wider.

Dann werde ich
nicht
so bleiben,
wie ich bin.

Sag mir,
daß du mich magst,
und ich lerne
aus meinen Fehlern.

Ein einziges Ja
versetzt Berge,
gegen die hundert Nein
machtlos sind.

Im Halbschlaf

Wenn ich wäre,
wie du
mich haben willst,
dann wäre ich
nicht mehr ich.

Wenn du wärest,
wie ich
dich haben wollte,
dann wärest du
nicht mehr du.

Also laß uns
tapfer bis fröhlich
ertragen,
daß ich ich bin
und du du bist,

wie uns
der Schöpfer
gewollt hat,
damit du und ich
wir sein können.

Schwierig zu leben

Was du
zu viel hast,
habe ich
zu wenig.

Was du
zu wenig hast,
habe ich
zu viel.

Dein, mein Zuviel
ernährt sich
von meinem, deinem
Zuwenig

und macht es
dadurch
noch weniger,
als es schon ist.

Wo bleibt
unser Traum
von Ausgleich
und Ergänzung?

Du sollst dir kein Bild machen

Er hat sich
ein Bild
von ihr gemacht.

Ein besseres
als die
Wirklichkeit.

Das ist
seine Schuld,
die er bitter büßt.

Sie hat sich
ein Bild
von ihm gemacht.

Ein schlechteres
als die
Wirklichkeit.

Das ist
ihre Vergeltung,
die sie genießt.

Sommersonnenwende

Sensibelchen, Sensibelchen,
haben wir nichts anderes zu tun,
als unsere Worte
auf die Goldwaage zu legen?

Warum lassen wir uns
immer so schnell aus der Bahn werfen?
Ein halber Regentag macht uns blind
für eine ganze Woche voller Sonne!

Was sollen wir denn erst machen,
wenn die Seele wirklich
in das Sternbild der Einsamkeit tritt
und unser Glaube den Winterpunkt erreicht?

Widerwort

Du hättest recht
mit deinem:
Was weißt du
von mir?

wenn du nicht

im selben Atemzug
sagen würdest:
Ich weiß alles
von dir!

Auch umgekehrt

Er behandelt sie,
als hätte er
sie durchschaut.

Das ist
ein größerer Fehler
als alle

die Versäumnisse zusammen,
die er
ihr ankreidet.

Wieviel Zeit noch

Jede Nacht
liegen sie
zwischen Wollen
und Können.

Wenn sie wollen,
können sie nicht.
Wenn sie können,
wollen sie nicht.

Dem Wollen
sein Recht
und dem Können
seine Zeit.

Nur: kann Recht
auch Unrecht sein
und vor allem
wieviel Zeit noch?

Emanzipation

Als sie ihn
heiratete,
dachte sie:
Den
kremple ich
mir um!

Und
arbeitete daran
zwanzig Jahre
mit List und Tücke,
mit Zucker
und Peitsche.

Am Ende,
als sie ihn
nach ihrem Bild
verändert hatte,
sagte sie
enttäuscht:

Du bist
nicht mehr der,
den ich kennen
und lieben lernte.
Und trennte sich
von ihm.

Passion

Dein Bild
von mir.
Wie es wohl
aussieht?

Es muß
arg gelitten haben
in den
letzten Jahren.

Aber so
ähnelt es mir
möglicherweise
am ehesten.

Eistag

Feindliche Luft,
nicht zum Atmen geeignet.
Jedes Wort
gefriert auf den Lippen.

Meine einsamen Schritte
im Schnee,
zwei, drei Meter
hinter dir.

Wir hätten das Haus
nicht verlassen sollen.
Jetzt zeigt uns die Landschaft,
wer wir sind.

Freispruch

Etwas trennt uns.
Ich atme auf,
weil ich es endlich weiß.
Immer meinte ich,
wir müßten zusammenkommen,
um übereinzustimmen,
und drang in mich,
das Unmögliche möglich zu machen.
Jetzt verabschiede ich
meinen Irrtum
mit ökumenischem Gelächter:
Lieber
gelöst nebeneinander
als krampfhaft geleimt.

Das Gefühl zu leben

Noch nicht einschlafen.
Noch etwas lesen,
die Gedanken schweifen lassen.
Noch etwas träumen
mit offenen Augen,
deinen Atemzug im Rücken.
Hinaushorchen in die Nacht,
auf die Stimmen im Park,
die Geräusche der Autos,
den rauschenden Zug im Tal.
Nicht zu vergessen
den Monolog mit der Nachttischlampe,
den ich auch
ein Gebet nennen könnte.
Nach einem langen Tag
erst kurz vor dem Versinken
das Gefühl zu leben.

Dank

Nicht an Sprüchen
gemessen werden.
Keine Schau
abziehen müssen.

Den Schild
absetzen dürfen,
ohne
verwundet zu werden.

Keine Entschuldigung
nötig haben.
Nichts erklären,
nichts beweisen müssen.

Verstanden,
angenommen sein,
wie man ist,
wortlos.

IV Literarische Werkstatt

Der Magnolienbaum

Tagelang
quäle ich mich
mit dem Wort,
das ich suche
für mein Gedicht.

Da fällt mein Blick
auf den Magnolienbaum.
Über Nacht
sind alle seine Knospen
aufgebrochen.

Das Wort
serviert er mir nicht.
Aber er grüßt leuchtend:
Keine Angst!
Es wird dich finden.

Gebet eines Literaten
– Mit Mörike –

Wer spricht von Ewigkeit?
Bekannt sein und vergessen
hast du mir zugemessen
für eine kleine Zeit.

Weder mit Ehren
noch Echo-Entbehren
mein Werk überschütte!
Doch in der Mitte
liegt holdes Gewähren.

Genug und viel

Kein Name, der die Blicke auf sich zog,
kein Kult und Rummel, keine Kamera.
Doch Leser, Hörer, Dank und Dialog
und singende Gemeinden fern und nah.

Wer glaubt, macht keinen Lärm und eitlen Wind,
weil Wort und Ehre nicht sein Eigen sind.
Genug und viel! Gern bin ich's noch und war's:
Ein Abglanz nur von Gottes stillen Stars.

Roman und Gedicht

Ich, sagt der Roman,
bin Literatur.
Ich, sagt das Gedicht,
bin eine Stimme.

Mich, sagt der Roman,
findest du überall.
Mich, sagt das Gedicht,
mußt du entdecken.

Ich, sagt der Roman,
erzähle, erzähle.
Ich, sagt das Gedicht,
höre dir zu.

Mich, sagt der Roman,
mußt du nachlesen.
Mich, sagt das Gedicht,
lernst du by heart.

Zu diesem Text

Das Papier,
auf dem ich schreibe,
habe ich gestern gekauft.
Meine Schreibmaschine
mit der Nummer 3343076
– wer hat sie
gefertigt für mich?
Wort und Satzbau
brachten mir andere bei.
Was ich
eigentlich sagen will,
flog mir zu
aus allen vier Winden.
Die Hand,
die dies tippt,
lebt bis auf Widerruf.

Beim Besuch der Buchmesse

Er hat
kein Buch geschrieben,
keine einzige Zeile
hinterlassen.

In den heiligen Schriften
ist es schwer,
seine ipsissima vox
zu entdecken.

Er ging auf
im gelebten Wort
und gab sich dran
bis zur Unkenntlichkeit.

Wir,
auf Namen und Titel versessen,
gehen unter
in a lot of paper.

Für Hermann Hesse

Gewölbte Bläue
und Schönwetterwolken
in Heimweh-Beleuchtung.
Siehe,
er kommt mit den Wolken.

Der ihre Botschaft
an uns Wortlose
am genauesten übersetzte,
kannte
des Rätsels Lösung:

Wären
Christi Kirchen und Priester
so wie Er selbst,
dann bedürfte es
der Dichter nicht.

Besuch in Arcegno
– Für Heiner Hesse –

Erst auf dem Foto
sehe ich,
daß blühende Rosen
das Fenster umranken,

an dem wir gesessen
und miteinander
gesprochen haben,
den Rotwein zur Hand.

Ich nahm es nicht wahr.
Aber gespürt, gespürt
habe ich die ganze Zeit
etwas Vergleichbares.

Laudatio auf einen Lyriker
– Für Rainer Malkowski (1939-2003) –

Melancholie, ironisch.
Ironie, melancholisch.
Nur manchmal
Schaumkronen zwischen den Zeilen.

Am Mischpult seiner Sinne
zeichnet er
zärtliche Augenblicke
aus Fleisch und Blut.

Über seinen Skizzen
wechselnde Bewölkung,
die es nicht ausschließt,
von Sonne zu reden.

Er gibt den Dingen,
an die wir uns
so leicht versklaven,
ihre Unschuld zurück

und hebt, was mit
Händen zu greifen ist,
in den Rang
des Unbegreiflichen.

Kein Prophet
und kein Magier,
trifft er leise, fast schüchtern
das Zauberwort,

und die heillose Welt,
eben noch Grau in Grau,
beginnt
zu singen und zu leuchten.

Wenn er fortgeht,
wird uns eine Stimme fehlen,
die nicht nach Einschaltquoten
zu bewerten ist.

Verwechslung ausgeschlossen
– Für Manfred Hausin zum 50. Geburtstag –

Neulich
war ich im Zoo
und hatte meine Freude
am tapsigen Braunbär
mit den lustigen Augen
und den
gefährlichen Tatzen,
am flinken Äffchen,
das seinem Artgenossen
geschickt
die Flöhe aus dem Fell kratzte,
am aufmüpfigen Lama
ganz vorn am linken Draht,
das uns Zuschauer
plötzlich anspuckte
und in Bewegung brachte.

Alle drei Tiere
photographierte ich
und staunte nicht schlecht,
als ich die Bilder
vom Photogeschäft abholte.
Lag es
an meiner alten Rolleiflex,
deren Belichtungsanzeige
defekt war,
oder an meinen kurzsichtigen Augen,
oder waren es einfach
die falschen Bilder?

Verwechslung ausgeschlossen!
beteuerte
die Ladeninhaberin.

Also ich sah,
daß ich dreimal
in unterschiedlicher Pose,
aber deutlich erkennbar
meinen Kollegen Manfred Hausin
bei einer Demolesung
an der Bahnsteigkante
aufgenommen hatte.

Der Kogge-Fürstin Inge Meidinger-Geise
Mit 26 Buchtiteln gespickt

Die Achtzig kommt dahergegangen,
löst herzliches Gedenken aus.
Dir, Kogge-Fürstin zu Erlangen,
gebühren Glückwunsch und Applaus.

Uns drückt das Schwere und das Schlimme
zerstörerischer Menschenhand.
Wir leben von der GEGENSTIMME,
dem Wunder einer SAAT IM SAND.

Du singst beim Gang durch FEUERNESTER
das MENUETT IN SCHWARZ dahin.
Wir grüßen dich, Poetin-Schwester,
geliebter Verse Meisterin.

Die HELLE NACHT, das Schmerzbegebnis
– ICH BIN GEBLIEBEN, WO DU WARST –
gereichten dir zum WELTERLEBNIS,
aus dem du all dein Wort gebarst.

Wir hier im NIE-LAND brauchen Glauben.
Du gibst ihm tapfre Unterschrift,
gestaltest mit dem MUT DER TAUBEN,
WAS SICH ABSPIELT und uns betrifft.

Sind wir nicht ORDENTLICHE LEUTE
mit KLEINKOST, HÄUSERN GUT GEBAUT?
Was viele vordergründig freute,
hast du mit Ironie durchschaut.

Was bleibt in diesen ZWISCHENZEITEN?
ZIGEUNERHAND, KATZENBESUCH?
ZÄHLBARES-UNZÄHLBARES schreiten
wir ab bei dir von Buch zu Buch.

Mit Gott im leisen Einvernehmen,
der JENSEITS DER WORTMARKEN spricht,
ziehst du mit LINIEN-POEMEN
QUERSUMME ZWISCHEN STEIN UND LICHT.

Daß dir die Achtzig sanft begegnet,
dich nicht erschreckt, das wünschen wir.
RÜCKFLUG und HEIMKEHR sei gesegnet,
doch bleibe noch ein wenig hier!

Fahr fort, MIT DURCHSICHTIGEN WORTEN
und OHNE DENKMALSCHUTZ gekonnt
den Stand der FREILASSUNG zu orten
von Erlangen bis Bad Pyrmont.

Mit ergebener Verbeugung

Was so alles
nebenbei erzählt wird,
wo doch
das überlieferte Werk
eines Literaten
die Hauptsache ist.

Matthias Claudius
zum Beispiel,
der sich im Alter
fast armselig anzog.
Er konnte sich manchmal
unerwünschter Besucher
dadurch entledigen,
daß er,
vom Gast für den Diener
des Dichters gehalten,
mit ergebener Verbeugung
erklärte:
Der Hausherr ist heute
leider nicht zu Hause.

Stunden gibt es,
da werden
die belächelten
Nebensachen
zur beneideten
Hauptsache.

Negativmeldung positiv

Meine Nichtteilnahme
an der Buchmesse
wurde erwartungsgemäß
nur indirekt wahrgenommen.
Meine Leser und Fans
waren durch nicht ausgehängte Plakate
und nicht ausgelegte Bücher
vorbildlich informiert.
Sie schafften es,
am Stand meines Verlegers
zur nichtvereinbarten Zeit
nicht pünktlich
und nicht unpünktlich,
also überhaupt nicht
zu erscheinen.

So von sich reden zu machen
und dabei
einfach zu Hause zu bleiben,
dazu beglückwünschte mich
weder die Leiterin
unserer Stadtbibliothek
noch die Redakteurin
der hiesigen Lokalpresse.

Eine andere Literaturgeschichte

Diese maßlose Überschätzung der Literatur
                        Jochen Klepper

Vielleicht
bleibt zuletzt
nur ein Gesangbuchvers,
der hinüberträgt,
und höheren Orts
schreibt jemand eine
andere Literaturgeschichte.

V Lebens- und Glaubensbekenntnisse

Über den Berg gesungen

Wenn der Wind nicht wäre
und die Wolke im Blau,
nähme ich alles Schwere
viel zu schwer und genau.

Würde nicht Nähe zur Ferne,
Letztes von Zweifeln erreicht,
wäre der Weg, den ich lerne,
vordergründig und leicht.

Wenn nicht Geheimnis bliebe,
was mir warum widerfährt,
wäre die Welt keine Liebe
und keine Traurigkeit wert.

Zwischenfrage

Glaubwürdig, einleuchtend
heißt die Parole,
für die wir alle
unsre Hand ins Feuer legen.

Die Schneisen,
die wir durchs Dickicht schlagen,
lassen bald
kein Geheimnis mehr zu.

So redlich, so plausibel
haben wir uns angewöhnt,
den Himmel
auf die Erde zu holen,

daß es einem fast schon
die Sprache verschlägt,
sich gegenläufig
zu Wort zu melden:

Ein einleuchtender Gott,
Hand aufs Herz,
ob der
wirklich Gott wäre?

Zwischendurch

Zwischendurch
schon einmal den Tag vor dem Abend loben.
Nur zwischendurch.

Zwischendurch
schon einmal das Zeitliche segnen.
Nur zwischendurch.

Zwischendurch
schon einmal im Grabe liegen.
Nur zwischendurch.

Zwischendurch
schon einmal auferstehen.
Nur zwischendurch.

Paränese

Sei eine Steckdose.
Die Stromleitung
ist gelegt.

Sei eine Verlängerungsschnur.
Das Licht muß
in die richtige Ecke.

Sei eine Glühbirne.
Es kommt die Hand,
die anknipst.

Zu einem Garten-Buddha

Vielleicht
können wir ja
das ein oder andere
von ihm lernen –
Versenkung zum Beispiel
oder mehr Gelassenheit,

das Bedürfnis,
sich als Einzelwesen
einer größeren Ordnung
verbunden zu fühlen
und als Teil schon
ein Ganzes zu sein.

Ob er aber
wirklich mehr weiß
als wir, seine Betrachter?
Oder täuscht es
sein feistes Lächeln
nur vor?

Gesetzt den Fall,
er wäre tatsächlich
ein Meister des Vergessens –
wo bliebe
das Gedenken
in dieser Welt?

Ja, ich
wehre mich auch
gegen den Anschein
von Vollkommenheit,

der von ihm ausgeht
und Angst macht.

Keiner von uns
kann das Geheimnis
Glaube, Liebe, Hoffnung
überbietend auflösen,
ohne ein
Scharlatan zu sein.

Stimmst du mir zu,
fremder Bruder aus Stein
mit der Religion ohne Gott,
oder lächelst du
entrückt und überlegen
in dich hinein?

Sommerfrage

Könnte der Jasmin
nicht mal rot blühen?
Immer dieses eintönige Weiß
Jahr für Jahr!
Und dieser gestrenge Duft,
der einem den Atem benimmt!
Der ganze Strauch
schluchtert in die Höhe
und beschattet den Balkon.
Viel zu lange schon
steht er an derselben Stelle
und sorgt dafür,
daß alles beim Alten bleibt.

Gäbe es mobilen Jasmin,
der mal hier, mal dort
ein anderes Bild böte,
sich entfaltete
mit wechselnden Farben und Düften
und sich dabei immer neu
dem Stand der Sonne,
der Lage des Balkons und
dem Wunsch des Betrachters
anpassen würde,
um ihm zu gefallen –
wäre es noch
ein Sommerstrauch des Schöpfers?

Stilles Lehrstück

Ihr Gänseblümchen,
kleine Margeriten
im Rasen meines Gartens,
ich zögere, euch zu mähen.

Schmuck seid ihr
und widerstandsfähig.
Ich bücke mich
und bewundere euch.

Kaum drei, vier Tage
nach der Mahd
hebt ihr die Köpfchen
und seid alle wieder da,

ein liebenswerter
weißer Teppich,
als ob nichts
geschehen wäre.

Reisen

Bist du schon mal
in Rom gewesen,
in Paris, auf Mallorca
oder bei den Indios
im alten Inka-Reich?

Ja, sage ich, und nein,
höre die Berichte
der Weitgereisten,
bestaune ihre Faszination,
die ich nicht teile.

Während
die Bilder herumgehen
oder im Erklärton
an die Wand geworfen werden,
denke ich

an meine Gänge
ein- oder zweimal
um die Ecke
in die Hölle
und in den Himmel.

Im Namen der Luft

Leben wir nur noch gedruckt,
verfilmt, gesendet und geklont?
Was nicht
über den Bildschirm flimmert,
im Hörfunk kommt
oder in der Tageszeitung steht,
was andere nicht wahrnehmen,
was nicht
in vieler Augen und Munde ist –
warum lassen wir es zum Leben
zweiten und dritten Grades
erniedrigen?

Im Namen des Namenlosen!
Im Namen der Luft,
die wir atmen und die bei uns
immer noch keine Lobby hat,
dreht den Spieß um!
Im Namen dessen,
der das Einmalige liebt,
das Unwiederholbare
und Unübersetzbare,
die Sternschnuppe in der Nacht,
der die Talkshows unserer Eitelkeiten
durchschaut.

Im Namen des Namens,
der in keinem Lexikon steht,
im Namen des Tatbestandes,
der mit keinem Copyright versehen ist.
Schaltet ab!
Laßt keine Kopien mehr gelten!

Legt euren Aberglauben
an die Festivals und Preisvergaben ab!
Was euer ist und nur euer,
ungedruckt, unverfilmt, ungesendet,
unbesprochen, unbeklatscht –
allein das ist Leben.

Schwer mit Argumenten

Wer gut
und böse sagt,
hat es schwer
mit Argumenten.

Wer Argumente
hat, braucht
nicht gut
und böse zu sagen.

Wer richtig
und falsch sagt,
hat es schwer
mit Argumenten.

Wer Argumente
hat, braucht
nicht richtig
und falsch zu sagen.

Wer den anderen
beleidigt,
hat es schwer
mit Argumenten.

Wer Argumente
hat, braucht
den anderen
nicht zu beleidigen.

Wer redet, ist nicht tot?

Immer notwendiger,
schweigsam zu werden.
Von Atemzug zu Atemzug
kommen wir der Wahrheit
so ein wenig näher.
Mit jedem gescheiten
oder geistlosen Wort
schlagen wir sie
gekonnt
oder geschwätzig tot.
Nur was
insgeheim in uns
hängen bleibt,
was ihm
entlarvend nachsinnt,
hat die Würde
eines Satzes.

Fazit

Manchmal
fühlt der Kopf
wärmer als das Herz.

Manchmal
denkt das Herz
klarer als der Kopf.

Warum also
Kopf und Herz
gegeneinander ausspielen?

Geheime Kunst

Reden,
aber schweigend.
Schweigen,
aber redend.

Hinhörend
weghören.
Weghörend
hinhören.

Übersehen
und
doch
übersehen.

Nötige Gegenrede

Wichtig
ist nicht nur,
daß ein Mensch
an Gott glaubt,

was immer wir
darunter
zur Zeit
verstehen,

sondern auch,
daß der,
der an Gott glaubt,
Mensch ist,

wie es ihm,
seinen Gaben
und Grenzen
entspricht.

Gott und seine Beweiser und Widerleger
Nachstrophe zu einem Text von Kurt Marti

>Der
>seinen Beweisern
>beweist,
>daß
>der Bewiesene
>nie
>der zu Beweisende
>ist.

Der
seine Widerleger
widerlegt,
weil
der Widerlegte
nie
der zu Widerlegende
ist.

Einem Gedenkenden

Ins Unsichtbare
gegangen.
Dadurch
sichtbar geworden.

Wie das Wort,
dessen Sinn erst erscheint,
wenn es
verklungen ist.

Beim Lesen von Geburts- und Sterbeanzeigen

Wir schreien uns
ins Leben hinein
und quälen uns
aus ihm heraus.

Was hat sich
der Schöpfer dabei gedacht,
wenn es
ihn gibt?

Fragenswert,
wenn
der Vorhang fällt
und das Licht angeht.

VI Astronomische Gedichte

Abenddämmerung

Gut,
daß Mutter Erde
Schatten wirft.
Er ist
das einzige Fenster
in den
gestirnten Himmel.

Zauberin der Farben

Der Dämmerung nachdenken,
den vierzig Minuten,
die uns bleiben.

Auf dem Mond
geht der Tag
ruckartig aus.

Sei gepriesen,
daß es dich gibt,
lichtzerstreuende Luft,

Zauberin der Farben,
der Übergänge,
der Poesie.

Lyriden

Warten
auf die Stunde
von außen –
Meteor aus dem Weltall.

Oder,
hinrollender Planet,
das Wunder der Urzeugung
nach Jahrmillionen
selbst
vollbringen.

Welträumliches

Wovon wir
begeistert lesen und hören,
was wir
von Zeit zu Zeit
auf dem Bildschirm bewundern,

ein Stück davon
könnten wir noch heute
bei jedem Aufgang
und Untergang der Sonne
selber entdecken.

Und noch immer
genügt ein Feldstecher,
den wir auf den Mond richten,
um uns und anderen
ein Galilei zu sein.

Lob der Augen

Das Fernglas,
mit dem ich
die Milchstraße betrachte,
muß ich absetzen,
um mich am Himmel
zurechtzufinden.

Sehkraft des Herzens

Wenn ich die Spuren des Schöpfers
unter leuchtenden Sternen
und im glitzernden Wassertropfen
nicht mit bloßem Auge sehe,
erkenne ich sie auch nicht
bei der Beobachtung
am Teleskop und Mikroskop.
Die Sehkraft des Herzens
kann durch Instrumente
nicht vergrößert werden.

Aber das Dunkel

Immer suchen wir
nach den Sternen,
wenn wir schon einmal
den Blick über uns erheben,

nennen ihre Namen,
ordnen sie ein
in die himmlische Bilderei,
lauschen der funkelnden Botschaft.

Aber das Dunkel dazwischen,
weitaus größer und geheimnistiefer,
aus dem wir selbst
fragend die Augen aufschlagen:

Ist es uns
so wenig der Rede wert?

Anweisung für eine Vorführung

Öffne den Sucher.
Der Himmel hat
Möglichkeiten die Fülle.

Vergiß
die biegsame Welle nicht.
Sterne eilen davon.

Wähle ein schärferes Okular.
Es kommt das Auge,
das durchsieht.

Zubehör

Mindestens
zwei Okulare
stecken im Ablageblech:
Eins für schwache,
eins für starke
Vergrößerungen.

Das erste
für Nebelflecken und Fixsternhaufen,
das zweite
für Mondgebilde und Sonnenbeobachtung.

Überschau oder Teilansicht –
beides in einem
ist nicht zu haben.

Entweder
Größe und Ganzheit
mit dem Verzicht aufs Genaue
oder
Liebe zur Einzelheit
bei verkleinertem Sehfeld.

Mit welcher Optik
bist du ausgerüstet?

Keine Entfernung

Mit Bestürzung höre ich,
daß sich der Mond
jährlich um ein paar Zentimeter
von der Erde entfernt.

War ich nicht immer
dein Mond, der um dich,
den Planeten des Lebens,
verläßlich kreist?

Und meinten wir nicht,
uns mit den Jahren
immer näher
gekommen zu sein?

Wo bleibt
die Vergleichbarkeit?
Oder hätten die Astronomen
am Ende doch recht?

Schon tröste ich mich:
Was sind
ein paar Zentimeter
gegen 400 000 Kilometer?

Das macht sich
auch in hundert Jahren
nicht bemerkbar.
Und wenn –

bis dahin bin ich
dreimal gestorben
und im Himmel,
der keine Entfernung kennt.

Schöner Astronom

Jetzt wäre
die beste Gelegenheit.
Keine Wolke am Abendhimmel,
der Mond im ersten Viertel,
was für ein Instrument
und Zeit.

Er aber steht,
selber bewölkt und verhagelt,
mit dem Kalender zerstritten,
an der nackten Säule,
die er lustlos betrommelt.
Ja, ja, so ist das.

Sonne und Mond

Warum
verschwindet die Sonne,
wenn der Mond
am Himmel erscheint?

Will sie ihm
großzügig, wie sie ist,
die Bühne freimachen
für seinen Auftritt?

Oder hat sie Angst,
daß der Abend schön
und auf ihre Kosten
berühmt wird?

Vielleicht aber
zieht sie sich nur zurück,
um Sehnsucht
nach sich zu erwecken.

Ecce homo

Du brauchst nur
in Augenhöhe
den Arm
auszustrecken,

und
mit dem Daumen
deckelst du
die Sonne.

Beim Einschrauben des Sonnenfilters

Die Sonne
ist nicht nur die Sonne.
Sie ist auch
unser nächster Fixstern.

Ich bin nicht nur ich.
Ich bin auch
das mir nächsterreichbare
Exemplar Mensch.

Marsopposition

Höchstens
die weißen Polkalotten
und des Planetenscheibchens
rotbräunliche Färbung,
von undeutbaren Gebilden
dunkel durchbrochen.
Und auch das erschließt sich
nur dem geübten Auge.
Mars behält sein Geheimnis
für sich.
Und wäre es nur
niedere Vegetation,
Moose und Flechten –
Leben?

Aufgenommen von nahem,
soweit die Sonde herankam:
Krater um Krater,
wehender Sandsturm
durch Mondgelände.

Auch bei günstigster
Konstellation
höchstens
einige Daten und Linien
und im Entziffern der Rätsel
der eigenen Landschaft
helle und dunkle
Vermutungen.
Das Leben behält sein Geheimnis
für sich.
Leben?

Vielleicht,
untrüglich photographiert:
sandige Leere, allein.

Venus

Abendstern
und
Morgenstern
sind ein und derselbe.

Einmal
führt er die Nacht,
einmal
den Tag herauf.

Verläßlicheres
gibt es nicht.

Mein Fernrohr

Während mir eine Wolke
für einen Augenblick
die Plejaden verhüllt,
stellt mir mein Fernrohr
eine schweigende Frage.
Was meinst du,
was zählt mehr –
das lichtjahrweite Gefunkel
der einhundertdreißig Sonnen
da oben in meinem Objektiv
oder du kleiner Mensch
hier vorn an meinem Okular,
der in die Tiefen
des Weltalls staunt
und etwas erahnt
vom Geheimnis zu leben?

Lichtjahre

Vielleicht
ist dieser Stern,
dessen funkelndes Licht
dich jetzt erreicht,
schon erloschen.

Vielleicht
wenn du nicht mehr da bist,
kommt das Wort von dir,
das du jetzt aussendest,
erst an.

Doppelgestirn

Komponente A
dreht sich nicht
um Komponente B.

Komponente B
dreht sich nicht
um Komponente A.

Beide
umkreisen einen
gemeinsamen Schwerpunkt.

Er hält sie zusammen
auf zwei
verschiedenen Bahnen.

Veränderliche

Der einmal
ein Stern erster Größe war
und viele Blicke auf sich zog,
hat seine Leuchtkraft
merklich zurückgenommen.
Ist er es noch?
fragen sich manche
und zweifeln
an seiner Identität.
Einer unter vielen anderen
und sogar schwächer als die Sterne,
die er langzeitig
weit an Strahlung übertraf.
Wie finden wir uns
am Himmel der Stars zurecht?
Und wo ordnen wir
die dunkelnden Lichter ein,
die eines Tages
vielleicht wieder
mächtig aufstrahlen?

Botschaft des Andromedanebels

Fernrohrschau
ist Gottesdienst.

Die irdischen Kurse
der Taten und Leiden
fallen ab
ins Wesenlose.

Es gibt kein
eitles
Registrieren mehr.

Was wird sein
an diesem Beobachtungspunkt
der Nordhalbkugel,
wenn das
jetzt gesendete Licht
des Andromedanebels
ihn erreicht?

Die Frankfurter Allgemeine
erscheint nicht mehr,
und das Gras
über den Bestsellern
ist zweimillionenmal verdorrt.

Einmal
in astronomischen Räumen
zu sehen!

Einmal
in astronomischen Zeiten
zu denken!

Adam, wo bist du?

Sternstunde
Nach Worten von Gottfried Keller

Großer Wagen, Sternbild der Germanen,
der du aufsteigst alle klare Nacht,
ziehe weiter deine hehren Bahnen
über mir in stetig stiller Pracht!
Fahre hin und kehre täglich wieder,
gib mir Glanz von deiner Herrlichkeit.
Sieh doch auf mein treues Auge nieder,
das dir schauend folgt so lange Zeit.

Bin ich müde nach des Lebens Jahren,
nimm die Seele, leicht und klein an Wert,
laß sie schuldlos wie ein Kind mitfahren,
das die Strahlendeichsel nicht beschwert.
Nimm sie auf und laß sie mit dir reisen
durch das Himmelsall, ich spähe weit,
wohin deine goldnen Räder weisen –
sieh, wir gleiten in die Ewigkeit.

Sternenchoral

1. Lobt ihn, den Schöpfergott und Herrn,
ihr Himmelslichter, Stern bei Stern,
und lobt ihn, Sonne, Erde, Mond,
der selbst in einem Lichte wohnt,
das über alle Lichter ist,
ihn, der das große All bemißt.
Vom Aufgang bis zum Niedergang
sei Leuchten euer Lobgesang.

2. Ein Tag, der ruft dem andern zu:
Wie groß und herrlich, Gott, bist du!
Und eine Nacht der andern nennt
dasselbe Lob am Firmament.
Vor deinem Werk wird alles klein.
Was ist der Mensch! Was kann er sein,
wenn du trotz allem an ihn denkst
und ihm den Geist der Kindschaft schenkst.

3. Gott, der du alle Sterne zählst,
die kleine Erde auserwählst,
du riefst vorzeiten Abraham.
Das vor Gefunkel überschwamm,
das wunderbare Sternenzelt,
du zeigst es ihm auf freiem Feld:
Zähl, wenn du kannst, Gestirn und Schein!
So zahlreich soll dein Same sein.

4. Zähl uns dazu! Dein sind auch wir.
Kinder des Glaubens werden dir
wie aus der Morgenröte Tau,
wie Sterne aus dem Abendblau
geboren, Herr zu jeder Zeit.

Wir glauben in der Dunkelheit
doch an die Wunder deines Lichts
und die Verheißung noch im Nichts.

5. Wenn wir verzagt wie Hiob sind
und unser Hab und Gut zerrinnt
in Grübeln, Klagen und Geschick,
erheb uns gnadenvoll den Blick
zu deines Himmels reicher Pracht
und deiner Weisheit starker Macht.
Komm uns in Stern und Schöpfung nah.
Dann sagen wir demütig ja.

6. Es geht ein Stern von Jakob aus,
der führt uns durch die Nacht nach Haus.
Er stand als Zeichen ehedem
hoch überm Stall von Bethlehem.
Die Weisen haben ihn erkannt,
sie brachen auf von Land zu Land
und knieten endlich hocherfreut
vorm Krippenkind am Ziel der Zeit.

7. Herr Christ, wie mancher Stern versank,
wie mancher Glanz erlosch uns bang!
Du bist der helle Morgenstern.
All unsre Angst und Schuld ist fern,
wenn du am Horizont erscheinst
und uns mit deinem Leuchten meinst.
Künd uns den Tag, den einen, an,
den keine Nacht mehr löschen kann.

8. Er kommt am Ende dieser Welt,
wenn Stern um Stern vom Himmel fällt,
die Sonne ihren Schein verliert,
der Mond nicht mehr die Nacht regiert.
Der alte Kosmos brennt und schmilzt,
weil du den neuen schaffen willst.
Nimm uns in seinen Glanz hinein
und laß uns deine Sterne sein.

Verzeichnis der Gedichttitel und der Gedichtanfänge

Abenddämmerung 118
(Gut, daß Mutter Erde)

Abendkerzen 31
(Worauf wartest du noch?)

Abends am Maschsee 10
(Die Gitter am dunklen Fährhaus)

Aber das Dunkel 124
(Immer suchen wir nach den Sternen)

Ältere Ehe 53
(Bei ihr hat er es gut)

Andacht 6
(Wind, soviel Wind)

An den Engel in dir 63
(Nimm mich an)

Angst 24
(Ich stelle das Radio leise)

Anleger im Oktober 12
(Noch langsamer als sonst)

Ansprache 42
(Spring doch mal)

Anweisung für eine Vorführung 125
(Öffne den Sucher)

Aschgraues Mondlicht 128
(Ich dein alternder Mond)

Auch umgekehrt 69
(Er behandelt sie)

Augenblick am Schreibtisch 21
(Daß sich Wände öffnen)

Beim Älterwerden 30
(Seltener fühlst du dich)

Beim Besuch der Buchmesse 85
(Er hat kein Buch geschrieben)

Beim Einschrauben des Sonnenfilters 134
(Die Sonne ist nicht nur die Sonne)

Beim Lesen von Geburts- und Sterbeanzeigen 116
(Wir schreien uns ins Leben hinein)

Besuch in Arcegno 87
Für Heiner Hesse
(Erst auf dem Foto)

Botschaft des Andromedanebels 142
(Fernrohrschau ist Gottesdienst)

Dank 78
(Nicht an Sprüchen gemessen werden)

Das Gefühl zu leben 77
(Noch nicht einschlafen)

Das Kind, das ich einmal war......9
(An der Hand der Großmutter)

Der Kogge-Fürstin Inge Meidinger-Geise......92
Mit 26 Buchtiteln gespickt
(Die Achtzig kommt daher gegangen)

Der Magnolienbaum......80
(Tagelang quäle ich mich)

Die andere Uhr......39
(Als ich noch viel Zeit hatte)

Die Birken am Benther Friedhof......34
(Die Birken am Benther Friedhof)

Die Sprechblase......48
(Nicht nur die Sakristei)

Doppelgestirn......140
(Komponente A)

Dreimal ruhig zu lesen......37
(Jetzt atme ich diese Luft)

Du bist so still......23
(Ich habe mich verloren)

Du sollst dir kein Bild machen......66
(Er hat sich ein Bild von ihr gemacht)

Ecce Homo......133
(Du brauchst nur in Augenhöhe)

Eine andere Literaturgeschichte 96
(Vielleicht bleibt zuletzt)

Einem Gedenkenden 115
(Ins Unsichtbare gegangen)

Eine Rose aus den Fingern saugen 75
(Wenn die Tür der Liebe)

Eistag 73
(Feindliche Luft)

Emanzipation 71
(Als sie ihn heiratete)

Enttäuschung 27
(Du wärst genauso wie er)

Er derselbe 46
(Er, der das Haus bewohnbar macht)

Fazit 111
(Manchmal fühlt der Kopf)

Freispruch 74
(Etwas trennt uns)

Freundschaft 43
(Wie lange haben wir)

Fünferleute an die Front 17
(Klammer auf, Klammer zu)

Für Hermann Hesse 86
(Gewölbte Bläue)

Gebet eines Literaten 81
Mit Mörike
(Wer spricht von Ewigkeit?)

Geheime Kunst 112
(Reden, aber schweigend)

Genug und viel 82
(Kein Name, der die Blicke auf sich zog)

Gott und seine Beweiser und Widerleger 114
Nachstrophe zu einem Text von Kurt Marti
(Der seine Widerleger widerlegt)

Gute Gespenster 8
(Die Deckenlampe damals)

Hauptbahnhof Hannover 14
September 1943
(Als ich neunjährig)

Im Halbschlaf 64
(Wenn ich wäre)

Immer sowohl als auch 28
oder: Von der Schwierigkeit, Farbe zu bekennen
(Geboren bin ich Grün)

Im Namen der Luft 107
(Leben wir nur noch gedruckt)

153

Im Vorübergehen 22
(Manches traf mich schon)

In memoriam 36
(Wie ist die Zeit vergangen)

Keine Entfernung 129
(Mit Bestürzung höre ich)

Kein Verfallsdatum 26
(Halbwegs mit heiler Haut)

Kinderphoto 45
(Du bist da)

Kleinstadt 49
(Was haben Sie nur)

Kriegskindheit 13
(Daß über meinem Bett)

Laubmann 32
(Wenn ich den Rasen mähe)

Laudatio auf einen Lyriker 88
Für Rainer Malkowski (1939-2003)
(Melancholie, ironisch)

Lichtjahre 139
(Vielleicht ist dieser Stern)

Lob der Augen 122
(Das Fernglas)

Lobesgesang auf die Insel 19
(Was du zu Hause)

Lyriden 120
(Warten auf die Stunde)

Marsopposition 135
(Höchstens die weißen Polkalotten)

Meine Zeitrechnung 76
(Mit 71 noch 5o)

Mein Fernrohr 138
(Während mir eine Wolke)

Mit einer Rose 57
(Mitunter möchten Worte schweigen)

Mit ergebener Verbeugung 94
(Was so alles nebenbei erzählt wird)

Mit Verlaub 51
(Flasche vor Gebrauch)

Mondbeobachter 127
(Das erste Viertel)

Negativmeldung positiv 95
(Meine Nichtteilnahme)

Neulich 33
(Gegen Ende des Telefonats)

Nötige Gegenrede 113
(Wichtig ist nicht nur)

Paränese 101
(Sei eine Steckdose)

Passion 72
(Dein Bild von mir)

Plötzlich und unerwartet 54
(Plötzlich vom Acker gemacht)

Reisen 106
(Bist du schon mal)

Roman und Gedicht 83
(Ich, sagt der Roman)

Rücknahme 44
(Vieles trennt uns)

Schöner Astronom 131
(Jetzt wäre die beste Gelegenheit)

Schwer mit Argumenten 109
(Wer gut und böse sagt)

Schwierig zu leben 65
(Was du zu viel hast)

Sehkraft des Herzens 123
(Wenn ich die Spuren des Schöpfers)

Seit du da bist 58
(Seit du da bist)

Sommerfrage 104
(Könnte der Jasmin nicht mal rot blühen?)

Sommersonnenwende 67
(Sensibelchen)

Sonne und Mond 132
(Warum verschwindet die Sonne)

Sprachgebrauch 52
(Er paßt nicht)

Sternenchoral 145
(Lobt ihn, den Schöpfergott und Herrn)

Sternstunde 144
Nach Worten von Gottfried Keller
(Großer Wagen, Sternbild der Germanen)

Stilles Lehrstück 105
(Ihr Gänseblümchen)

Tag und Nacht 62
(Manchmal trennt uns der Tag)

Über den Berg gesungen 98
(Wenn der Wind nicht wäre)

Unter gutem Vorzeichen 40
(Schnell und undramatisch)

Venus 137
(Abendstern und Morgenstern)

Veränderliche 141
(Der einmal ein Stern erster Größe war)

Verwechslung ausgeschlossen 90
Manfred Hausin zum 50. Geburtstag
(Neulich war ich im Zoo)

Vespergeläut 38
(Nun läuten die Glocken den Abend ein)

Von dir zu dir 60
(Vor dir heute)

Vor der Karte 18
(Der Ort, in dem ich wohne)

Weitermachen 16
(Achtung und Meldung!)

Welträumliches 121
(Wovon wir begeistert lesen)

Wenn du nicht da bist 59
(Deine Schuhe im Flur)

Wer redet, ist nicht tot? 110
(Immer notwendiger)

Widerwort 68
(Du hättest recht)

Wieviel Zeit noch 70
(Jede Nacht liegen sie)

Wo lebst du? 25
(Zu allem und jedem)

Wunschtraum 61
(Ja, du hast recht)

Zauberin der Farben 119
(Der Dämmerung nachdenken)

Zubehör 126
(Mindestens zwei Okulare)

Zu diesem Text 84
(Das Papier, auf dem ich schreibe)

Zu einem Garten-Buddha 102
(Vielleicht können wir ja)

Zu einem Lutherring mit Rubin 56
Für Karin zum 40. Ehejahr
(Kein Silber mehr)

Zuspruch für die Nacht 50
(Dies ewige Begrüßen)

Zwischendurch 100
(Zwischendurch schon einmal)

Zwischenfrage 99
(Glaubwürdig, einleuchtend)

159